읽다 보면 저절로 알게 되는

신비한 친구 사전

글·그림 김지호

파란정원

친구가 되고 싶다면
기다리지 말고 네가 먼저 손을 내밀어 봐.

작가의 말

'친구'는 가깝게 오래 사귄 사람을 말해요.
이 친구란 단어를 생각하면 나도 모르게 잔잔한 미소로 웃게 되지요.
이번 친구 이야기를 준비하면서 나는 어릴 때 어떻게 친구를 사귀었는지? 친구와 어떤 일들이 있었는지? 아주 오랜만에 어린 시절을 떠올려 보았어요.
친구와 신이 나서 온 동네를 뛰놀고, 때로는 틀어져 싸우기도 하며 하루하루가 즐거웠던 기억에 그때 그 시절이 무척 그리워지네요. 나에게 큰 힘이 되어 주었던 단짝 친구도 보고 싶고요.
여러분 곁에는 지금 어떤 친구들이 있나요? 그 친구와 어떤 추억들을 쌓아가고 있나요? 혹시 친구 관계가 힘든가요? 친해지고 싶지만 다가가지 못하고 있나요?
좋은 친구를 얻으려면 내가 먼저 좋은 친구가 되어야 해요. 《읽다 보면 저절로 알게 되는 신비한 친구 사전》에서 좋은 친구가 되기 위한 50가지 비법을 배워 보세요. 친구 관계가 조금은 쉬워질 거예요.
올해 초등학교에 입학한 사랑하는 조카 김태연, 어린이집에 다니는 김태인. 그리고 이 책을 읽는 모든 어린이가 평생 가는 좋은 친구를 만나기를 바랍니다.
멋진 우정을 위하여!

김지호

차례

PART 1
첫 만남, 호감의 기술

- 01 먼저 다가가긴 힘들어 ★ 12
- 02 이야깃거리를 찾아봐 ★ 16
- 03 첫인상으로 평가하지 마 ★ 20
- 04 함께 놀러 가자 ★ 24
- 05 마음이 통해야 친구지 ★ 28
- 06 용기 내서 말해 봐 ★ 32
- 07 이름이 헷갈린다고? ★ 36
- 08 넌 뭘 좋아해? ★ 40
- 09 우리 집에 초대할게 ★ 44
- 10 내가 아니라 '네가' 좋아하는 주제로 ★ 48
- 11 맞장구로 대화를 재미있게 ★ 52
- 12 의견을 낼 때는 정확하게 ★ 56
- 13 장점을 찾아봐 ★ 60

PART 2
칭찬·기쁨, 표현의 기술

- 14 부러워도 괜찮아 ★ 66
- 15 결과보다 노력을 칭찬해 ★ 70
- 16 함께 발전하는 즐거움 ★ 74
- 17 좋은 것을 나누면 기쁨이 두 배 ★ 78
- 18 함께 하면 즐거워 ★ 82
- 19 칭찬 먼저 충고는 그다음에 ★ 86
- 20 칭찬하는 말만 전해 줘 ★ 90
- 21 기쁨도 때와 장소를 가려서 ★ 94

PART 3
속상함, 표현의 기술

- 22 말하지 않으면 아무도 모른다고? ★ 100
- 23 감정을 솔직하게 말해 봐 ★ 104
- 24 공감의 힘은 커 ★ 108
- 25 다른 사람의 물건도 소중하게 ★ 112
- 26 뒤에서 말하면 험담이 돼 ★ 116
- 27 말하기 전에 잘 듣기부터 ★ 120
- 28 사과받은 일은 다시 말하지 마 ★ 124
- 29 알아차리지 못할 수 있어 ★ 128
- 30 듣고 싶은 말로 맞장구쳐 봐 ★ 132

PART 4

갈등 해결, 싸움의 기술

- 31 당사자끼리 해결해 ★ 138
- 32 입장을 바꿔서 생각해 봐 ★ 142
- 33 사과할 때는 진심을 담아서 ★ 146
- 34 후회할 말은 하지 마 ★ 150
- 35 잘못했을 때는 바로 사과해 ★ 154
- 36 네 의견도 인정해 ★ 158
- 37 무조건 미안하다고 하지 마 ★ 162
- 38 같은 잘못을 반복하지 않기 ★ 166
- 39 이것도 괜찮아, 권해 봐 ★ 170
- 40 싫다고 하면 하지 않는 거야 ★ 174

PART 5

죽마고우, 절친의 기술

- 41 친구의 취향을 기억해 둬 ★ 180
- 42 친할수록 예절을 지켜야 해 ★ 184
- 43 고마움도 바로바로 표현하자 ★ 188
- 44 의견을 담아 이야기를 나눠 봐 ★ 192
- 45 주는 기쁨 받는 기쁨 ★ 196
- 46 친구의 비밀을 지켜라 ★ 200
- 47 많은 말보다 듣는 귀를 열어 봐 ★ 204
- 48 특별한 날을 챙겨 봐 ★ 208
- 49 언제나 너를 믿어 ★ 212
- 50 너와 함께라서 행복해 ★ 216

PART 1
첫 만남, 호감의 기술

01 먼저 다가가긴 힘들어

우리는 다양한 상황에서 새로운 친구를 만날 기회가 참 많아요. 하지만 항상 누군가 먼저 다가와 말을 걸어 주지는 않지요. 친해지고 싶은 친구가 있나요? 그렇다면 먼저 "안녕!"하고 인사해 보세요. 친구도 반갑게 "안녕!"하고 대답할 거예요.

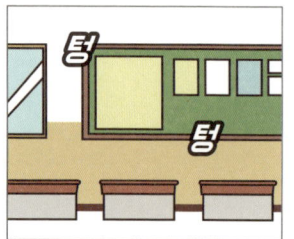

02 이야깃거리를 찾아봐

친구에게 인사는 했는데 다음에 무슨 말을 해야 할지 모르겠다고요? 그럴 때는 친구 주위를 살펴보세요. 분명 친구가 좋아하는 이야깃거리를 찾을 수 있을 거예요. 가방에 달린 인형이나 문구, 읽고 있는 책 등 소소한 이야기부터 시작해 보면 어떨까요?

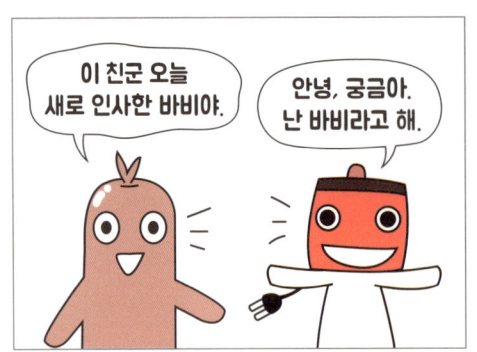

03 첫인상으로 평가하지 마

친구를 사귀다 보면 첫인상은 별로 좋지 않았는데, 친해지고 나니 성격도 좋고 친구를 잘 배려하는 멋진 친구라는 걸 알게 될 때가 있어요. 그래서 첫인상만으로 한 사람을 평가하는 건 아주 큰 실수로 좋은 친구를 사귈 좋은 기회를 놓치게 된답니다.

04 함께 놀러 가자

학교 안에서 친구와 사이좋게 지내는 것도 좋지만, 따로 약속을 잡아 친구와 문구점에 간다거나 놀이터에서 만나서 놀다 보면 좀 더 돈독한 사이가 될 수 있어요. 친구의 취향이나 성격 등도 알 수 있고, 함께 하는 시간이 많으니 정도 그만큼 깊어지지요.

여기야. 여기에서 그 노트를 샀어.

나도 이 마트 좋아해! 이름이 우주에 있는 '달'이잖아.

난 여기 지하 분식집을 좋아하지. 맛집이거든.

좋아, 그럼 우리 노트도 보고, 분식도 먹고, 마트도 둘러보자.

좋아!

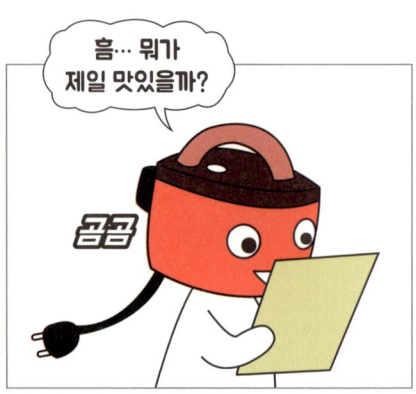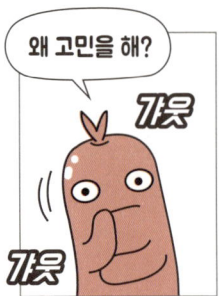

05 마음이 통해야 친구지

친해지고 싶은 마음을 종종 심한 장난이나 괴롭힘으로 표현하는 친구들이 있어요. 하지만 이런 방법으로는 절대 친구와 친해질 수 없어요. 이런 표현은 좋은 감정이 생기기보다 나쁜 감정을 만들어 도리어 나를 피하게 만든답니다.

그날 밤

06 용기 내서 말해 봐

호감이 가는 친구 주변을 맴돌기만 하고 혹시나 거절당할지 몰라 말도 걸지 못하는 친구들이 있어요. 생각처럼 정말 거절당할 수도 있지만, 용기를 내서 "우리 친구 할래!"하고 말해 보세요. 어쩌면 그 친구도 나에게 호감을 느끼고 있을지도 모르잖아요.

07 이름이 헷갈린다고?

새로 사귄 친구에게 반갑게 인사했는데, 엉뚱한 이름으로 날 부른다면 기분이 어떨까요? 처음에는 다시 이름을 말하겠지만, 이런 일이 몇 번 반복되면 서운함에 마음을 닫게 될 거예요. 친구와 있을 때 이름을 자주 불러 보세요. 이름을 외우는 좋은 방법이에요.

08 넌 뭘 좋아해?

오래된 친구라도 서로 좋아하는 것이 무엇인지 잘 모를 때가 많아요. 친구와 이야기를 나누며 들었던 친구가 좋아하는 사소한 것들을 기억해 두면 때때로 친구에게 감동을 줄 수 있어요. 그만큼 자신에게 관심이 많다고 느낄 테니까요.

09 우리 집에 초대할게

친하게 지내고 싶은 친구를 집으로 초대해 보면 어떨까요? 내가 누구인지 친구에게 보여 줄 수도 있고 둘이 놀면서 서로를 알아가는 좋은 시간이 될 거예요. 하지만 친구를 초대하기 전 '부모님께 허락받기' 잊지 마요.

하굣길

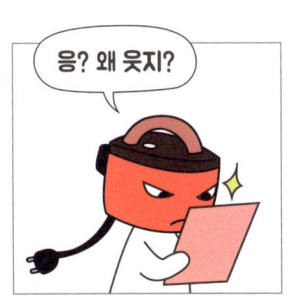

10. 내가 아니라 '네가' 좋아하는 주제로

대화하다 보면 누구나 자신이 좋아하고 관심 있는 것에 관해 자주 말하게 되지요. 그러다 보니 말을 재미있게 많이 하는 사람의 관심사가 곧 이야기의 주제가 될 때가 많아요. 말하기를 싫어하는 사람은 없어요. 때때로 말수가 적은 친구가 좋아하는 주제로도 이야기를 나눠 봐요.

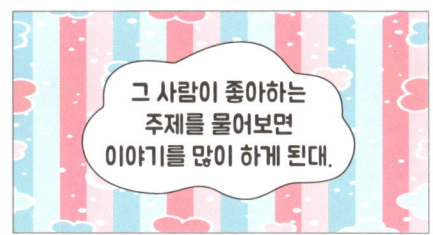

11 맞장구로 대화를 재미있게

말을 할 때 상대가 다른 곳을 보거나 하품을 하면 '내 이야기가 재미없어서 그런가?'하고 기운이 빠질 때가 있어요. 하지만 눈을 반짝이며 내 말에 맞장구까지 쳐준다면 더더욱 신이 나서 말을 하게 되지요. 맞장구로 잘 듣고 있다는 표현을 해 봐요.

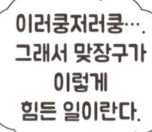

12 의견을 낼 때는 정확하게

금정의 뜻으로 우리 '좋아'라는 표현을 자주 사용해요. 그런데 모두 좋다고만 말하면 어떤 일을 결정해야 할 때 의견을 반영하여 결론을 내릴 수 없어요. '좋아'라는 말 뒤에 그 이유도 자세히 얘기해 봐요. 더욱 좋은 토론이 될 거예요.

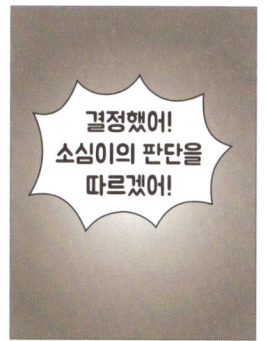

13 장점을 찾아봐

장단점을 찾아보라고 하면 장점보다 단점을 훨씬 빠르게 찾는 친구들이 있어요. 분명 누구나 작든 크든 다양한 장점을 가지고 있을 텐데도 말이죠. 친구를 볼 때 단점은 작게! 장점은 아주 크게! 보려고 노력해 보세요.

어, 운동이가 달리기 연습하네.

우아, 엄청 잘 달리지. 운동이가 뛰는 걸 보면 나도 같이 뛰고 싶다니까.

뛰지는 않을 거지만.

운동이는 저 꾸준함이 정말 큰 장점 같아.

….

흠

궁금이 넌 항상 호기심이 많은 게 장점이고!

뭐야? 갑자기 부끄럽게.

부끄

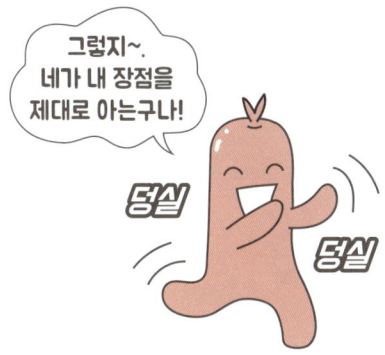

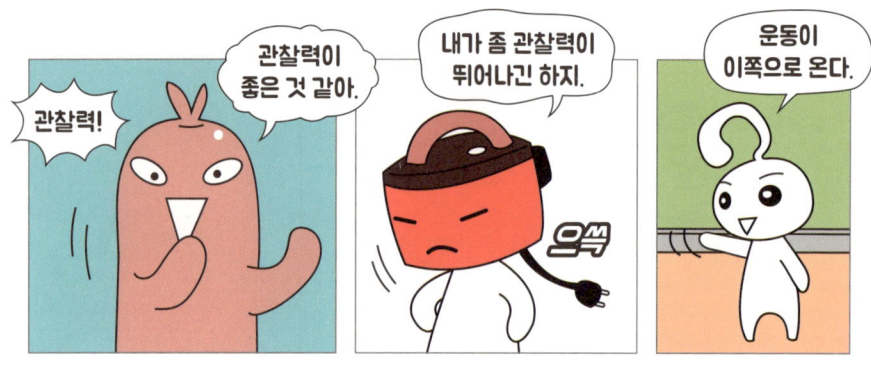

PART 2
칭찬·기쁨, 표현의 기술

14 부러워도 괜찮아

내가 갖고 싶어 하던 것을 친구가 갖게 되었거나 나보다 시험을 더 잘 보았을 때 부러운 마음이 먼저 드는 건 어쩌면 당연한 일일 거예요. 하지만 부러운 건 창피한 일이 아니에요. 솔직한 마음을 담아 "친구야, 부럽다. 정말 축하해!"하고 말해 보면 어떨까요?

15 결과보다 노력을 칭찬해

노력과 상관없이 운이나 상황에 따라 결과는 좋아지거나 나빠질 수 있어요. 그래서 칭찬할 때는 좋은 결과가 아니라 그동안 들인 노력을 중심으로 칭찬하고 응원해야 하지요.

자, 오늘은 50m 달리기 기록을 잴 거예요.

연습한 대로만 하자!!

아자

운동이는 신나 보이네. 난 자신 없는데.

나도….

추욱

훗! 운동은 싫지만 달리기는 자신 있다고!

두둥

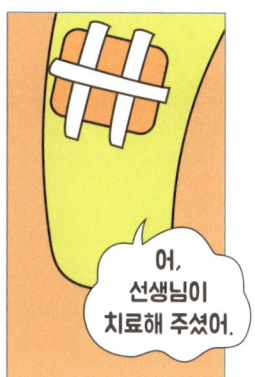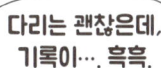

16 함께 발전하는 즐거움

함께 노는 것도 좋지만 친구는 서로를 응원하며 긍정적인 방향으로 발전시킬 수 있어야 더욱 좋은 관계로 발전할 수 있어요. 나를 통해 친구가 성장하고 친구를 통해 내가 성장하는 선의의 경쟁자가 진정한 친구가 아닐까요.

17 좋은 것을 나누면 기쁨이 두 배

때때로 친구에게 자랑하고 싶은 것들이 있을 거예요. 처음에는 친구들도 내가 좋아하는 모습에 칭찬하며 많은 관심을 둘 거예요. 하지만 이런 자랑도 계속되면 듣는 사람도 지겨워져요. 나눌 수 있는 것이라면 친구와 나눠 보세요. 나누는 기쁨이 더해질 거예요.

18 함께 하면 즐거워

친구와 목표를 세워 함께 노력해 본 적이 있나요? 줄넘기 연습을 함께 한다거나 아이돌의 춤을 연습해서 장기 자랑에 나가는 것처럼요. 공동 목표를 향해 함께 노력하며 땀을 흘리고 결국 목표를 이루어 느끼는 성취감은 그 어떤 칭찬보다 짜릿하답니다.

파란공원

대회 때까지 매일 여기 공원에서 달리기 연습하자!

정말 오랜만에 공원에 왔어. 날씨도 좋고 기분 좋다.

좋아, 이왕 하는 거 우리가 1등 하자.
비장

어쩔 수 없이 내 달리기 실력을 보여 줘야겠군.

자, 오늘은 가볍게 한번 달려 보자! 얼마나 달릴 수 있는지.

좋아!

19. 칭찬 먼저 충고는 그다음에

충고가 나쁜 것은 아니지만 누구나 충고보다는 칭찬을 듣고 싶을 거예요. 그래서 친구가 어떤 의견을 물었을 때는 칭찬을 먼저 하고, 충고를 해야 마음이 덜 상할 수 있어요. 또, 마지막에 듣게 되는 칭찬을 통해 충고를 긍정적으로 받아들이게 되지요.

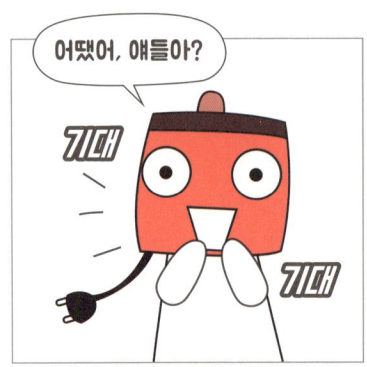

20. 칭찬하는 말만 전해 줘

친구가 없는 자리에서 그 친구에 관한 이야기를 나눌 때는 긍정적이고 좋은 말들만 나누는 것이 좋아요. 또, 친구에게 이런 이야기를 전할 때는 혹시 부정적인 말들이 있었더라도 칭찬처럼 긍정적인 말만 전해야 오해가 생기지 않는답니다.

21 기쁨도 때와 장소를 가려서

내 감정에 충실하다 보면 미처 주변 상황을 파악하지 못할 때가 있어요. 친구가 너무나 슬퍼하고 있는데 아랑곳하지 않고 내 기쁜 감정만 표현한다면 친구는 무척 서운할 거예요. 내 감정도 중요하지만, 친구의 감정도 중요하다는 걸 잊지 마요.

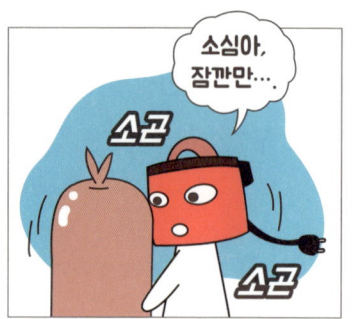

PART 3
속상함, 표현의 기술

22 말하지 않으면 아무도 모른다고?

때때로 속상하고 서운하다는 이유로 친구에게 마음도 닫고 입도 닫아 버리는 경우가 있어요. 분명 어제까지는 절친이었는데, 오늘은 전혀 모르는 사람처럼 쌩하게 대하면 당하는 친구는 이유를 알지 못해 무척 난감할 거예요. 모든 일은 대화로 풀어야 해요.

23 감정을 솔직하게 말해 봐

솔직하게 감정을 표현하는 건 생각보다 어려운 일이에요. 하지만 한 번, 두 번 자꾸 표현하다 보면 점점 자연스럽게 표현할 수 있게 되지요. 이런 솔직한 감정 표현은 오해를 줄이고 문제를 쉽게 푸는 열쇠이기도 하답니다.

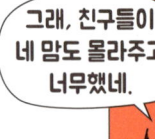

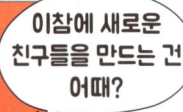

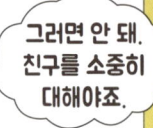

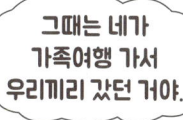

24 공감의 힘은 귀

우울하거나 속상할 때 친구가 공감해 주며 내 편을 들어주면 마음을 알아주는 것 같아 마음이 스르르 풀리는 경험을 해 봤을 거예요. 공감할 때는 잘잘못과 관계없이 먼저 친구의 마음에 공감해 주고, 이후 이야기를 풀어 가면 쉽게 풀릴 거예요.

25 다른 사람의 물건도 소중하게

만약 친구가 자기 것은 좋고 귀한 것이라며 아끼면서, 내 것은 하찮게 여기며 묻지도 않고 자기 것처럼 막 쓴다면 기분이 어떨까요? 아마 굉장히 속상할 거예요. 그래서 내 것이 아니라면 아무리 작은 것이라도 내 것보다 더 소중하게 다뤄야 해요.

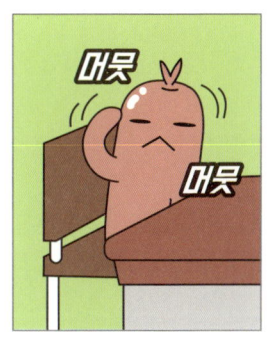

26 뒤에서 말하면 험담이 돼

친구 때문에 속상한 일이 있을 때 다른 누군가에게 속상한 마음을 털어놓으면 조금은 속이 시원해지는 기분이 들어요. 하지만 그 친구가 없는 곳에서 하는 말은 험담이 될 수 있어요. 서운한 일이 있을 때는 당사자에게 이야기해야 한답니다.

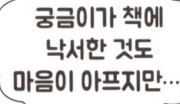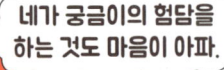

27 말하기 전에 잘 듣기부터

내가 잘 알고 있는 것을 친구가 이야기하면 알고 있는 것을 빨리 말하고 싶어 중간에 친구의 말을 끊거나 잘못된 부분을 고쳐 주려 할 때가 있어요. 친구가 이야기할 때는 내가 잘 아는 것이라도 친구의 말이 끝날 때까지 먼저 잘 들어야 해요.

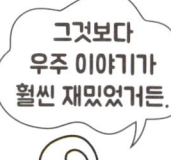

28 사과받은 일은 다시 말하지 마

기분 좋은 칭찬도 여러 번 들으면 지겹고 민망해져요. 그런데 잘못한 일을 사과까지 했는데 자꾸 이야기하면 듣는 사람은 처음에는 미안한 마음이 들겠지만, 점점 짜증 나는 일이 될 거예요. 사과받은 일은 그 자리에서 끝내기, 잊지 마요.

29 알아차리지 못할 수 있어

머리를 자르거나 새 옷을 입은 날이면 은근히 친구들이 알아봐 주길 바랄 때가 있어요. 어색한 마음에 자주 거울을 보거나 머리를 만지게 되지요. 하지만 이런 작은 변화를 알아보는 건 섬세한 성격이 필요해요. 당연히 알아채지 못할 수 있어요. 서운하게 생각하지 말아요.

30 듣고 싶은 말로 맞장구쳐 봐

속상한 친구의 기분을 맞춰 주기 위해 때때로 친구가 듣고 싶은 말로 맞장구쳐 보세요. 다른 사람에게 피해를 주는 일이 아니라면 선의의 거짓말이 친구를 다시 행복하게 할 거예요. 하지만 의견을 물을 때는 느낌 그대로를 말해야 친구에게 도움이 된답니다.

PART 4
갈등 해결, 싸움의 기술

31 당사자끼리 해결해

갈등이 생겨 싸우게 되면 패가 나뉘어 엉뚱한 다른 친구들과도 사이가 나빠지는 경우가 많아요. 이는 싸움과 관계없는 친구들에게 잘잘못을 따져 달라고 하면서 싸움에 끌어들이기 때문이에요. 싸울 때는 당사자끼리 싸우고 해결해요.

32 입장을 바꿔서 생각해 봐

갈등이 생겼을 때 상대의 입장이 되어 보면 생각보다 그 사람이 왜 그랬는지 쉽게 이해가 될 때가 있어요. 하지만 화가 나서 내 입장만 고집하다 보면 감정은 더욱 나빠지고 해결 방법이 보이지 않지요. 조금 떨어져서 봐야 해결책이 잘 보여요.

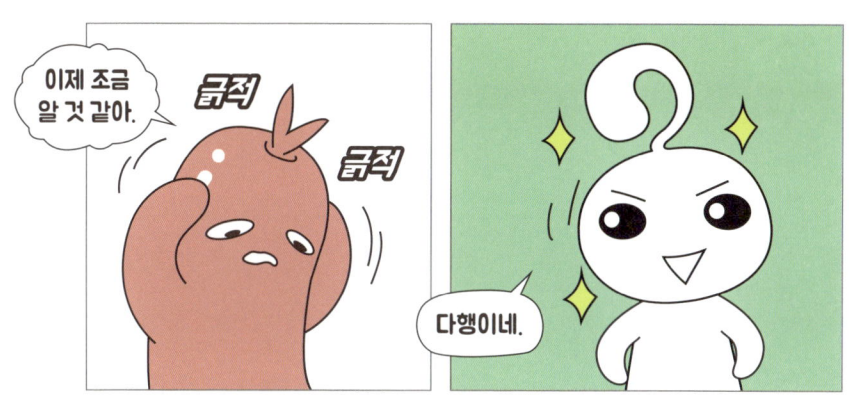

33 사과할 때는 진심을 담아서

사과받아도 기분이 더 나빠지는 사과가 있어요. 전혀 미안한 마음도 없이 입으로만 그 순간을 모면하기 위해 하는 사과예요. 이런 사과는 도리어 감정을 더 나쁘게 할 수 있어요. 사과할 때는 미안한 마음이 담겨 있어야 해요.

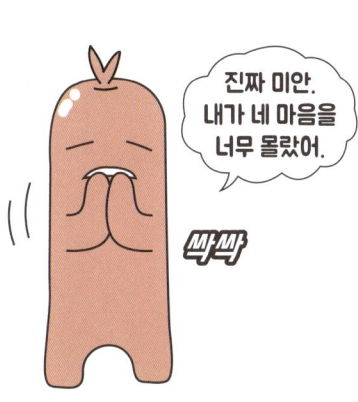

34 후회할 말은 하지 마

친한 친구에게는 점점 조심성이 사라지고 편하다고 생각해 자신도 모르게 무례하게 행동할 수 있어요. 하지만 편한 것과 무례한 것은 달라요. 친구 사이에도 예의가 있어야 해요. 그래야 상처받지 않고 오래 가는 친구가 될 수 있어요.

짠 / 우주 탄생의 비밀 / 드디어 기다리던 책이 나왔어. 재밌겠다.

궁금아, 안녕! / 안녕! / 궁금아, 무슨 책 읽어?

아, 이거? 궁금해? / 초롱 초롱 / 알려 줄까?

35. 잘못했을 때는 바로 사과해

잘못한 걸 알면서도 사과할 순간을 놓쳐 망설이고만 있을 때가 있어요. 이렇게 하루, 이틀 시간이 흐르면 친구의 감정이 더 나빠질 수 있어요. 친구에게 잘못했을 때는 알아차린 그 순간 바로 사과해야 한답니다.

36 네 의견도 인정해

의견을 나누는 건 더 좋은 결론을 내리기 위해 다양하게 생각해 보는 과정이에요. 그런데 내 생각만 맞고 다른 사람 생각은 틀렸다고 한다면 좋은 결론을 내리기 힘들어요. 의견은 맞고 틀린 것이 아니라 다른 것이랍니다.

37 무조건 미안하다고 하지 마

배려한다는 생각에 자기 잘못도 아니면서 무조건 미안하다며 자신을 낮추는 친구들이 있어요. 하지만 이런 행동은 도리어 나를 무시하게 만들고, 친구라는 동등한 입장을 무너뜨릴 수 있답니다.

38 같은 잘못을 반복하지 않기

잘못된 행동을 고친다는 건 몹시 어려운 일이에요. 자신도 모르게 습관처럼 나오는 것이기 때문이지요. 하지만 잘못된 것을 고치지 않으면 친구에게 신뢰를 잃을 수 있어요. 약속을 지키는 믿음직한 친구가 되어 보세요.

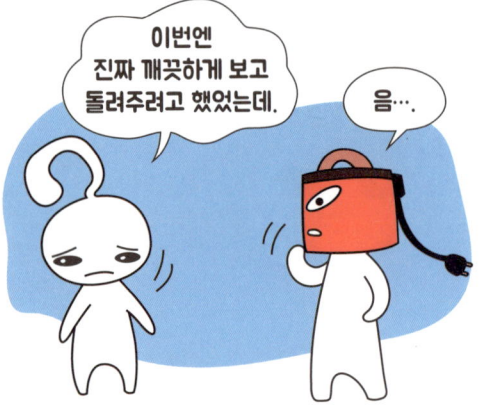

39 이것도 괜찮아, 권해 봐

키, 외모, 생김새 등은 누구나 다르다는 걸 인정하지 않는 사람은 없을 거예요. 그런데 눈에 보이지 않는 취향은 왜 내 것이 옳다고 생각할까요? 친구에게 '이것도 괜찮아, 한번 해 볼래?'하고 권해 보는 건 어떨까요?

40 싫다고 하면 하지 않는 거야

친구가 분명하게 "싫어, 하지 마!"라고 하는 일이 있을 거예요. 그런데 나는 재미있다고 싫어하는 친구에게 같은 장난을 계속한다면 친구는 무척 괴롭고 힘들 거예요. 함께 웃을 수 있는 것이 아니라면 절대 하지 말아야 해요.

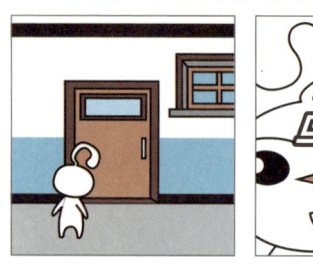

PART 5
죽마고우, 절친의 기술

41 친구의 취향을 기억해 둬

친구와 오랜 시간 함께 하다 보면 친구에 관한 다양한 정보를 얻게 되지요. 이럴 때 좋아하거나 싫어하는 것들을 기억해 두면 좋아요. 나 또한 내가 좋아하는 것과 싫어하는 것을 평소 정확하게 말하고, '아무거나'처럼 애매모호한 말은 쓰지 마요.

42 친할수록 예절을 지켜야 해

친하다는 것은 가까이 사귀어 다른 사람들보다 정이 두텁다는 말이에요. 당연히 더 편하고 무엇이든 숨김없이 다 이야기할 수 있지요. 그렇다고 예의 없이 행동해도 된다는 것은 아니에요. 친할수록 더 예의를 지켜야 한답니다.

43 고마움도 바로바로 표현하자

사과는 바로 해야 한다고 생각하면서 고마움은 잘 표현하지 않는 경우가 있어요. '친구니까 이 정도는 당연히 도와줄 수 있어.'라고 생각하기 때문이에요. 하지만 '당연히'란 없답니다. 친구의 배려는 당연한 것이 아니라 아주 고마운 마음이에요.

44 의견을 담아 이야기를 나눠 봐

질문을 할 때 내 의견을 담아 질문하면 얻고 싶은 답을 정확히 얻을 수 있고, 그와 관련된 다양한 이야깃거리로 풍성한 대화를 나눌 수 있어요. 대화를 어떻게 시작하느냐에 따라 뒤에 이어지는 답변도 단답형으로 짧을 수도, 서술형으로 길어질 수도 있답니다.

음….

어떻게 하면 친구들과 이야기를 많이 나눌 수 있을까?

방법이 있는지 한번 찾아봐야겠어.

꾹 꾹

아~, 이렇게….

끄덕 끄덕

보호대랑 머리띠 색깔을 바꿔서 어느 게 더 어울리는지 물어봐야지.

짠

뭐라고들 할까? 궁금하다.

45 주는 기쁨 받는 기쁨

친구와 친해지기 위해서 또는 친구가 너무 좋아서 친구에게 이런저런 선물을 자주 하는 친구들이 있어요. 처음에는 선물에 마음이 혹하여 친하게 지낼 수 있지만 나중에는 이런 선물이 부담스러워 도리어 멀어지는 이유가 된답니다.

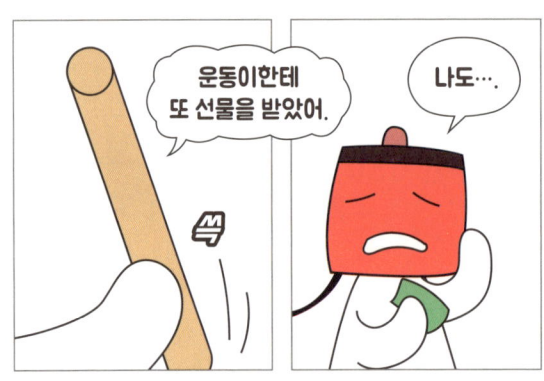

46 친구의 비밀을 지켜라

친구에게 고민 상담을 했어요. 정말 며칠을 고민하다 용기를 내어 한 이야기였지요. 그런데 다음 날 학교에 가 보니 반 아이들이 모두 알고 있었어요. 이런 친구에게 다시 내 속 이야기를 할 수 있을까요? 몸은 가볍게, 입은 무겁게 움직여야 한답니다.

47 많은 말보다 듣는 귀를 열어 봐

말을 재미있게 잘하는 사람은 어느 곳에 가나 주목을 받아요. 그래서 나도 말을 잘하고 싶다는 생각을 해 본 적이 있을 거예요. 하지만 들어주는 사람이 없다면 제아무리 재미있는 말도 소용이 없지요. 말을 할 때는 핵심을 담아 말하고! 듣는 귀를 열어 봐요!

K - TV

안녕하세요! 저는 이번에… 재잘재잘….

그래서 식당에 들어갔는데, 이러쿵저러쿵….

와, 저 사람은 어떻게 저렇게 말을 잘할까? 신기하다.

소심이한테 리액션은 배웠고.

선생님께도 친구와 친해지는 방법을 배웠어.

이번에는 말을 잘하는 방법을 찾아 봐야겠다.

PARANTUBE
말 많이 하는 방법
말 X 잘 들어라.

잘 들어라

말을 많이 하는 것보다 잘 듣는 게 중요해요.

48 특별한 날을 챙겨 봐

특별한 날을 챙기라고 하면 큰 선물을 준비해야 하는 것이 아닐까 부담스러워할 수 있어요. 하지만 큰 선물이 아니라 좋아하는 과자에 정성이 가득 담긴 친구의 편지 한 통을 친구는 더 좋아할 거예요. 나 역시도 같은 마음이 아닌가요?

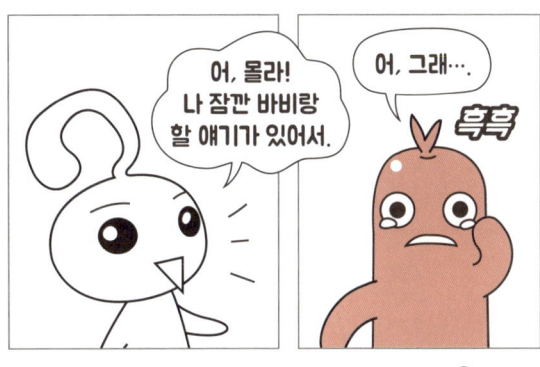

49 언제나 너를 믿어

진정한 친구는 친구 사이에 신뢰와 믿음이 있어야 해요. 이 신뢰와 믿음을 우리는 우정이라고 해요. 친구를 나쁘게 말할 때 아니라고 말할 수 있는 용기 또한 필요하죠. 친구는 나에게 가족 다음으로 든든한 힘이에요.

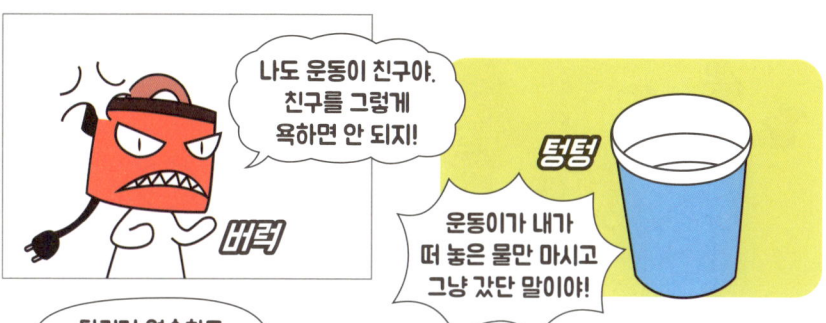
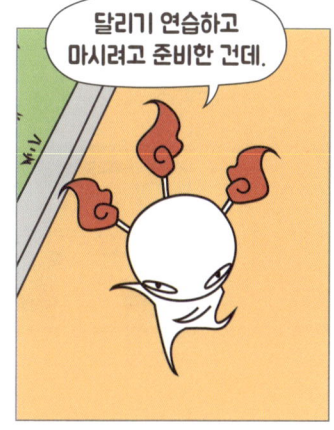

50 너와 함께라서 행복해

친구와 함께 발전할 수 있는 많은 것에 도전하세요. 함께하는 도전은 나를 발전시키고 친구를 발전시키며 성장하게 합니다. 우리가 성장하는 깊이만큼 우정 또한 깊어질 거예요. 친구야, 네가 있어 행복해!

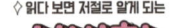

초판 4쇄 2024년 11월 28일
초판 1쇄 2023년 8월 10일

글·그림 김지호

펴낸이 정태선
펴낸곳 파란정원
출판등록 제395-2010-000070호
주소 서울특별시 은평구 가좌로 175, 5층
전화 02-6925-1628 | **팩스** 02-723-1629
제조국 대한민국 | **사용연령** 8세 이상 어린이
홈페이지 www.bluegarden.kr | **전자우편** eatingbooks@naver.com
종이 다올페이퍼 | **인쇄** 조일문화인쇄사 | **제본** 경문제책사

글·그림ⓒ2023 김지호
ISBN 979-11-5868-265-1 73190

이 책은 저작권법에 따라 보호받는 저작물이므로 무단 전재와 무단 복제를 금지하며,
이 책 내용의 전부 또는 일부를 이용하려면 반드시 저작권자와 파란정원(자매사 책먹는아이·새를기다리는숲)의 동의를 얻어야 합니다.
*잘못된 책은 구입하신 서점에서 바꿔 드립니다.